Gütersloher Taschenbücher
Siebenstern
914

Kinderbriefe an den lieben Gott

Gütersloher Verlagshaus Gerd Mohn

Die Taschenbuchausgabe enthält die beiden Bände »Kinderbriefe an den lieben Gott« und »Kinder schreiben an den lieben Gott«, gesammelt von Eric Marshall und Stuart Hample. Die amerikanischen Originalausgaben erschienen unter dem Titel CHILDREN'S LETTERS TO GOD und MORE CHILDREN'S LETTERS TO GOD. Sie wurden von Gerhard Timmer ins Deutsche übertragen.

CIP-Titelaufnahme der Deutschen Bibliothek

Kinderbriefe an den lieben Gott / [ges. von Eric Marshall und Stuart Hample. Von Gerhard Timmer ins Dt. übertr.]. –
12. Aufl. des Taschenbuches, (199.–210. Tsd.). – Gütersloh: Gütersloher Verl.-Haus Mohn, 1991
(Gütersloher Taschenbücher Siebenstern; 914)
Orig.-Ausg. gesondert u.d.T.: Children's letters to God u. More children's letters to God
ISBN 3-579-00914-1
NE: Marshall, Eric [Hrsg.]; GT

ISBN 3-579-00914-1

12. Auflage des Taschenbuches (199.–210. Tsd.), 1991

Umschlagentwurf: Dieter Rehder, B-Kelmis
Gesamtherstellung: Clausen & Bosse, Leck
Printed in Germany

In der Welt des Kindes ist alles anders – das zeigen diese Briefe an »den lieben Gott«. Anders der Glaube, der Zweifel, die Nöte, anders auch die Hoffnungen und Wünsche und anders vor allem das Vertrauen.

Für Kinder ist »Gott« das allerrealste und persönlichste Wesen, das in ihrer Welt existiert. Ihm werden die Wünsche und Träume, die Hoffnungen und Enttäuschungen des kindlichen Herzens ganz spontan mitgeteilt. Er ist für alles zuständig, für den Engel, mit dem man spielen möchte, für den Rasen, die Blumen, die Tiere, die man liebt, aber auch für die große Schwester, die noch keinen Freund hat, für die Diätkost, von der man genug hat, und für die Abschaffung des Krieges.

Hier werden keine Glaubensbekenntnisse abgelegt. Die Briefschreiber sind Kinder unserer Zeit. Sie zeigen, daß Gott ihnen so nah und so fern ist, wie sie ihn jeweils mit ihren Vorstellungen und Wünschen in Einklang bringen. Mit ihrer entwaffnenden Unbekümmertheit bleiben sie im Ursprünglichen.

Lieber Gott!
Ich habe vorige Woche
Deine Kirche besucht.
Ich muß sagen, du
wohnst sehr schön.

Anette

Lieber Gott!
Ich möchte dich
gern etwas fragen.
Wie ist es eigentlich im
Himmel? Ich weiß,
daß es da schön
ist, aber wie schön
ist es da? Was
passiert eigentlich,
wenn es regnet?

Michael

Lieber Gott!

Müssen Deine Engel bei
Dir alle Arbeit machen?
Mutti sagte, wir seien
ihre Engel und müssen
alles tun.

In Liebe, Renate.

Lieber Gott,

Bist du wirklich vorhanden? Manche Menschen glauben das nicht. Wenn ja, dann solltest du aber manches etwas schneller tun.

Peter Saalfeld

Lieber Gott,

Bist du so groß wie der ganze Himmel und so stark wie die ganze Welt zusammen? Das ist toll.

Ganz Dein

Detlef

Lieber Gott!
Vorige Woche hat es drei Tage lang geregnet. Wir dachten, es würde wieder so wie bei Noah mit der Arche. Gott sei Dank kam es nicht so. Ich bin froh, weil man ja von allen Dingen nur zwei mitnehmen durfte. Du erinnerst Dich – wo wir doch drei Katzen haben. Tschüs für heute.
Renate

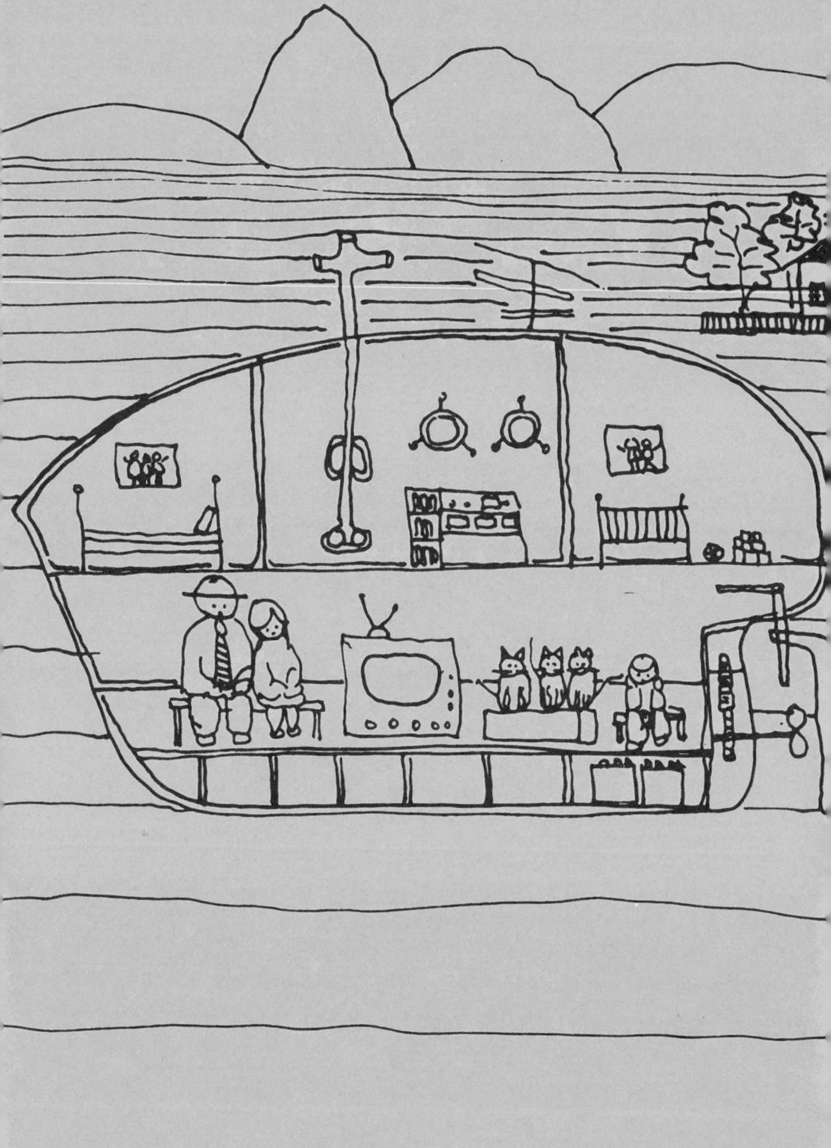

Lieber Gott! Am Freitag fahren wir
für vierzehn Tage in die Ferien.
Wir sind dann nicht in der Kirche.
Hoffentlich bist du noch da,
wenn wir wiederkommen.
Wann nimst du deine Ferien.
Auf Wiedersehen
dein Roland

Lieber Gott.
Als du die Erde und die Menschen
gemacht hast und alle Tiere und
das Gras und die Sterne,
warst du da sehr müde?
Ich habe noch eine Menge Fragen.
Wirst du sie mir beantworten?

Mit ganz lieben Grüßen
Dein Fritz

Lieber Gott,

Dein Buch ist sehr spannend.
Ich mag Abenteuergeschichten gern
Du hast tolle Einfälle, ich möchte
gern wissen, wo du die her hast

Dein Leser Karl

Lieber Gott, Ich möchte gern
die folgenden Sachen haben:
neues Fahrrad
einen Chemiekasten
Nummer drei
einen Hund eine
Filmkamera
erst Klassige Handschuhe
für einen Torwart
Wenn ich nicht alles
kriegen kann, so möchte
ich wenigstens soviel wie
möglich. Viele Grüße
Dein Erich

P.S. Ich weiß, daß es keinen
Nikolaus gibt.

Lieber Gott!

Wenn Du so viel kannst, wie kommt es dann, daß Du nicht mal den Fluß groß genug gemacht hast für all das Wasser, das unser Haus überschwemmt hat? Jetzt müssen wir uns ein neues Haus suchen. Viktor

HILFE

LIEBER GOTT,

BEI UNS IN DER SCHULE IST JETZT
JONA UND DER WALFISCH DRAN.
WIE ER IHN MIT HAUT UND HAA-
REN VERSCHLUCKT. DAS IST DIE
BESTE GESCHICHTE, DIE ICH JE
GEHÖRT HABE. DA PASSIERT WAS,
MAN KRIEGT RICHTIG ANGST.
VATI SAGT ABER, DA WIRD GANZ
SCHÖN GEFLUNKERT. GLAUBST
DU, DAß DAS NUR EIN WITZ
IST?

DEINE
ELISABETH

Lieber Gott, Die
Kircheist ja ganzin
Ordnung, aber die
Musik! Kannst du
nichtein paar neue
Lieder machen?
Dein Freund Bernhard

Lieber Gott!

Sind Jungen besser
als Mädchen?
Ich weiß, du bist
ein Junge, sei fair!

Deine Gisela

Lieber Gott, Könntest du nicht noch mehr Geschichten schreiben? Wir haben schon alle gelesen, die du geschrieben hast, und fangen wieder von vorne an.
Dein dich liebender

Hans-Christoph

Lieber Gott
Ich habe dir schon ein-
mal geschrieben,
erinnerst du dich?
Siehst du, ich habe gehal-
ten, was ich dir damals
versprochen habe. Aber
du hast mir immer
nach nicht das Pferd ge-
schickt. Wie steht's da-
mit?

Ludwig

Warum kannst Du
eigentlich nichts
dagegen tun, daß es
sonntags immer
regnet?
Kannst Du das
nicht abstellen?

Deine Stefani

Lieber Gott!

War es für dich auch so schwer; als du das Einmaleins lernen mußtest? Gibt es da keinen anderen Weg? Ich weiß, das du mich verstehst, darum schreibe ich an Dich. Herzlich dein Thomas

LIEBER GOTT. ICH BIN
SITZENGEBLIEBEN.
DAS HABE ICH ABER
NICHT VERDIENT.
WARUM HAST DU
DAS ZUGELASSEN?

WILLI

Lieber Gott!

Unser Lehrer hat uns die Geschichte vorgelesen, wo alle Juden durch das Wasser gingen und trocken hindurchkamen. Da hast Du ein gutes Werk getan. Beschütze doch auch heute alle Menschen.

In Liebe, Paula

Lieber Gott!

Mein kleiner Bruder ist
vier Jahre alt.

Bitte sorg doch dafür, daß er
endlich aufhört,

mich ständig zu ärgern.
Sonst explodiere ich!

Dein Freund Dieter

B B
C
A B

Lieber Gott!

Mein Freund Gerd sagt, Du
machst alle Blumen.
Ich glaube nicht daran.
Oder stimmt es doch?

Beste Wünsche, Walter

Lieber Gott, Ich bin acht Jahre
und heiße Brigitte. Ich bin
in der dritten Klasse. Eins möchte
ich gern wissen.
Liebst du deinen Beruf?

Brigitte.

Lieber Gott. Ich heiße
Robert. Ich möchte gern
ein ein Brüderchen haben.
Meine Mutter meint,
ich soll Vater fragen.
Mein Vater sagt,
ich soll dich fragen.
Glaubst du, daß du
das machen kannst?
Viel Glück, Robert.

An Gott

Lieber Herr,

Der Grund warum ich schreibe, ist dieser. Mami und ich wollen Ostern zu Tante Bea. Vati kann nicht mitkommen. Wir wollen nach Wien fliegen aber Mami hat Angst davor. Vielleicht hat sie keine Angst, wenn du mit uns fliegst.

Dietmar

Lieber Gott, wie machst
Du das eigentlich, daß
Du nicht von da oben
herunterfällst?

Dein Freund Herbert

O Herr, Hab Dank, daß ich Vati und Mutti habe. Und meine Geschwister und den Hund und die Fische. Hab Dank, daß die Welt so schön ist. Hab Dank für alles, lieber Gott.

In Liebe Regine

Lieber Gott!
Ich hab' dich lieb, weil du so gut bist. Ich versuche auch so gut zu sein wie du. Ich bin zu allen Menschen gut: Zu Mutter und Vater. Und zu meinen beiden Schwestern. Es muß Spaß machen Gott zu sein und jeder hat einen lieb.

Dein Martin

Lieber Gott,

wenn Du bestimmt hast, daß Kinder immer den Abfalleimer ausschütten müssen, dann ändere das bitte.

Dein Dieter

Lieber Gott!

Es beruhigt mich, daß
Du überall bist.
Das wär's für heute.

Heike

Lieber Gott!
Ich habe alles gelesen, was vor langer Zeit passiert ist.
Wie die Sonne still stand und von David und Goliath und von Daniel in der Löwengrube und die Geschichte vom Fall Jerichos.
Zu Deiner Zeit ist ja allerhand passiert.

Viele Grüsse
Dein Rudolf

Lieber Gott,

neulich regnete es so lange nicht. Ich hatte schrecklich Angst um meine Blumen. Doch dann ging es los! Das war prima, wie du das gemacht hast.

herzlichst
Deine Christine

Lieber Gott!

Könnte ich nicht einmal
einen richtigen Engel sehen?
Wenn Du mir einen schickst
kann er in meinem Zimmer
bleiben und machen was er
will.
Ich mache es genauso.
Ich habe Taschengeld, Du brauchst
ihm nichts mitzugeben

Thomas

Lieber Gott!

Bitte mach, daß ich unsichtbar werde, wenn ich es will. Ich werde dann auch alles tun, was du von mir erwartest.

Ist das ein Angebot?

Dein Freund Asmus

Lieber Gott!
Ich lese Dein Buch immer wieder gern. Hast Du sonst noch was geschrieben? Ich möchte eines Tages auch ein Buch mit solchen Geschichten schreiben. Woher hast Du Deine Ideen?

Mit besten Wünschen

Kurt

Lieber Gott!

Du hast bestimmt nicht zugehört, als ich dich vor einiger Zeit gebeten habe, aus mir einen besseren Fußballespieler zu machen.
Deswegen schicke ich dir heute einen Brief, den kannst du lesen, wenn du Zeit hast. Hier ist auch noch mein Bild, damit du weißt wer ich bin.

Auf Wiedersehen,
Martin

Lieber Gott,

wenn Du so klug bist, so zeig
doch einmal ob Du lesen kannst
was ich zu sagen habe. Es
ist meine Geheimschrift,
niemand kennt sie:

VDOL RBT CLIKS NT
PSO KLHSM ATFO

Wenn Du das lesen kannst,
laß es morgen regnen, dann
weiß ich Bescheid.

Dein Dir unbekannter Freund

Johannes

Lieber Gott!
Unser Rasen ist prächtig. Den solltest Du sehen! Aber er macht fürchterliche Arbeit
Kannst Du mir nicht helfen?

Dein Dirk

Lieber Gott,
wer hat eigentlich Weihnachten erfunden? Es ist zu schön. Warst du es? Ich mag die Engel mit den Goldflügeln an unseren Christbaum besonders gern.

Deine Felicitas.

NATA

Lieber Gott

Ich hoffe sehr, daß ich hübsch werde, wenn ich mal groß bin. Bitte schreibe mir bald mal einen Brief, denn ich habe allen gesagt, daß du mir schreiben wirst.

Sei gegrüßt und geküßt von deiner

Beate

Lieber Gott!

Mein Vati sagt, er möchte
für nichts in der Welt Deinen
Posten haben.

Er ist Elektrotechniker.
Könntest Du nicht dafür sorgen,
daß er nicht so viel arbeiten
muß?
Ihr solltet beide nicht so
schwer arbeiten.

Mit lieben Grüßen
deine Patricia

Lieber Gott!
Manchmal glaube ich, daß ich Dich sehen kann. Gestern abend war es so. Ist es schlimm, wenn ich das sage?
Ich möchte Dich so gern mal sehen. Meine Mami sagt, Du bist immer in unserer Nähe.

Deine Freundin
Stefani

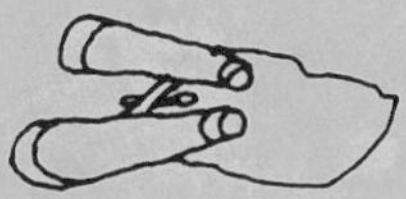

Lieber Gott!
Tu bitte etwas, damit ich schneller laufen kann! Ich rechne ganz fest damit.

Gesine

Lieber Gott,

wen magst Du lieber,
Menschen oder Tiere?
Ich mag Tiere. Gibt es
jemand wie Dich auch
für sie?

Peter

Lieber Gott!
Am Sonntag bin ich
leider zu spät zur
Kirche gekommen.
Ich konnte meine
Schuhe nicht finden.

Entschuldige
Deine Annette

LIEBER GOTT!

MÜSSEN GUTE MENSCHEN
FRÜH STERBEN? ICH HABE
DAS VON MEINER MAMMI
GEHÖRT. ICH BIN NICHT
IMMER GUT.

MIT HERZLICHEN GRÜSSEN

DEINE
BARBARA

LIEBER GOTT!

BITTE MACH MEINE SCHWESTER ETWAS HÜBSCHER, DAMIT SIE EINEN MANN KRIEGT!

VIELEN DANK
DEIN GERHARD

Lieber Gott

Hier einiges was ich besonders gern mag

1. Fernsehen
2. Spazierengehen
3. Gut Essen
4. Einkaufen
5. Fliegen
6. Schiffe
7. Tee trinken
8. Etwas Bauen
9. Weihnachten
10. Dich

Komm doch zu mir spielen. Du mußt mir aber etwas mitbringen!

Viele Grüße von Horst

Lieber Gott!

Ich habe mir was gewünscht, als eine Sternschnuppe fiel zweimal sogar, aber nichts ist geschehen. Was nun?

Eva

Lieber Gott!

Bitte tu doch etwas,
daß es keinen Krieg
mehr gibt! Dann gibt
es auch überall genug
zu essen, und alle
haben mehr Spaß.

Dein Freund Frank

Lieber Gott!

Ich möchte genauso sein wie
Du, wenn ich in Deinem Alter bin.
O.K.?

Siegfried

Lieber Gott,

ich möchte wetten, daß Du noch nie Diät essen mußtest.

Ich hab's langsam satt.

Andrea

Lieber Gott!
Wir haben ein Krippenspiel aufgeführt und ich war einer von den drei Königen. Aber es hat nicht geklappt, ich blieb stecken. Das tut mir sehr leid.

Dein Udo

LOVE

Lieber Gott!
Unser Lehrer sagte, wir sollten an den Menschen schreiben, den wir am liebsten haben. Deshalb schreibe ich an Dich, auch wenn Du nicht antworten kannst, wie ich glaube und kein Mensch bist. Aber ich wollte trotzdem schreiben. So, das ist im Augenblick alles.

In Liebe
Deine Magdalene

Lieber Gott!

Lissi meine Katze ist

überfahren worden! Wenn Du

das zugelassen hast,

mußt Du mir auch sagen

Warum!

Katharina

Lieber Gott,

wie geht es dir? Mir geht es gut.
Du machst so viele schöne Dinge.
Sag mir doch, warum du das tust.
Ich möchte es sehr gern wissen.
Hoffentlich freust du dich über
diesen Brief.

Dein Freund

Gerhard